글, 콘티 **이주영**

스무살부터 주식투자를 시작해서 20년 넘게 투자 일을 하고 있다. 주식에 관한 여러 권의 책을 출간했다. 경제와 투자에 관한 교육이 자본주의 사회를 살아가는 사람들에게 큰 힘이 될 거라 생각하고 경제교육에 힘쓰고 있다. 돈또니와 아띠는 아이들이 경제와 투자에 대해 재미있고 쉽게 받아들일 수 있게 쓴 책이다. 현재 유튜브 채널 "슈퍼개미 이주영"을 운영 중이다.

유튜브 채널 "돈또니와 아띠"는 아이들을 위한 경제교육 채널입니다.
"돈또니와 아띠"로 놀러 오세요!

엄마아빠께....

엄마아빠와 처음 시작하는 돈 공부

우리 아이 돈 공부는 어떻게 시작해야 할까요? 사실 우리 아이에게는 돈 공부보다 중요한 공부가 많습니다. 국어, 영어, 수학, 피아노, 바이올린, 태권도, 축구 외에 예절과 사회생활 그리고 친구 관계까지… 한명의 아이를 키우기 위해서는 한 마을이 필요하다는 말에 부모라면 누구나 고개를 끄덕이게 됩니다.

하지만 어른인 우리에게 인생에서 가장 큰 어려움이 무엇인지 묻는다면 그것은 국어도 영어도 수학도 아니고, 피아노도 축구도 아닙니다. 바로 '돈' 문제죠. 돈 문제는 어른인 우리에게도 큰 짐이며 고통입니다. 그래서 어쩌면 사랑하는 우리 아이는 최대한 돈에 대한 고민과 생각을 나중에 했으면 할지 모릅니다. 아마 저도 투자 일을 하지 않았다면 최대한 늦게 돈에 대해서 가르치고 싶었을 것입니다. 일단 '돈'이라는 문제를 생각하면 어른도 골치가 아프기 때문입니다.

하지만 이런 생각을 해보진 않으셨을까요? '어릴 때부터 누군가 돈에 대해서 가르쳐 줬다면 내 인생은 달라졌을 텐데…' 이러한 생각이 출발점이 되어 이 책을 만들기 시작했습니다. 우리 아이들이 어렸을 때부터 돈에 대해서 어렴풋이라도 알게 된다면, 아니 엄마아빠와 제대로 이야기를 나누어 보기만 하더라도 앞으로 살아갈 세상이 분명히 달라질 거라 생각했습니다.

돈에 대한 공부에 '정답은 없다'고 생각합니다. 돈은 늘 바뀌기 때문입니다. 하지만 어린 시절 엄마아빠 그리고 돈또니, 아띠와 함께한 돈에 대한 이야기는 어떤 의미로든 아이가 자본주의 사회를 살아갈 때 큰 영양분이자 밑바탕이 될 거라 생각합니다.

사랑하는 자녀가 돈또니, 아띠와 함께 즐겁고 의미 있는 돈여행을 시작했으면 하는 바람입니다.

등장인물

돈또니

신비로운 전설 속 풍요로운 돈나라에서 여행을 떠나온 돈또니. 어느 날 대한민국이 너무 좋아서 한국돈 '원'이 되기로 했다.
돈또니는 어린이 친구들에게 작은 돈이 큰돈이 되는 방법을 알려 주고 싶어 한다.
돈또니는 밝고 똑똑하며 손재주가 좋다.

아띠

돈또니의 친구, 작은 씨앗(Seed).
명랑하고 호기심이 많다.
돈또니와 함께 쑥쑥 자라
큰 나무가 되고 싶다.

*씨드(Seed): 재테크 할 때 기초가 되는 종잣돈

달슨

미국에서 온 친구.
호기심이 많고 운동을 좋아한다.
힘이 세고 자신감이 넘친다.

유리아

유럽에서 온 친구.
미술과 음악을 잘하고 좋아한다.
섬세하고 우아한 매력이 있다.

위홍

중국에서 온 친구.
호탕하고 밝은 성격이다.
요리를 좋아해서 음식을 잘한다.
특히 친구들에게 맛있는 음식을
해주는 것을 좋아한다.

계획과 저축

1권은 계획과 저축에 관한 내용입니다. 돈 공부에서는 가장 기초적인 내용입니다. 하지만 자칫 지루하고 뻔한 내용이 될 수 있어 돈또니와 아띠를 통해 아이들이 흥미를 느끼고 자연스럽게 내용을 익힐 수 있도록 만들었습니다.

종잣돈(seed)을 씨앗인 아띠에 비유하여 계획과 저축의 과정을 씨앗이 싹이 트고 큰 나무가 되는 오랜 과정으로 이해하기 쉽게 표현했습니다.

작은 씨앗이 저절로 큰 나무가 되는 것이 아니라 계획과 오랜 보살핌이 필요한 것처럼 작은 돈이(seed) 큰돈이 되기 위해서는 마찬가지로 계획과 오랜 기간 저축이 필요하다는 이야기를 하려고 합니다.

아이와 돈에 관한 내용을 먼저 이야기하기보다는 작은 씨앗이 싹이 터서 자라나고 나중에는 큰 나무가 되는 과정을 보며 재미있게 돈 공부를 시작해보세요!

돈또니와 아띠의 성장과정에 대해 이야기하면서 자연스럽게 계획과 저축의 개념을 이해하게 될 것입니다!

명랑하고 호기심 많은 아띠는 심심한 걸 못 참아!

네가 와서 정말 좋아하는 것 같아!

귀찮겠지만 아띠랑 좀 놀아줘! 아띠랑 놀면 재미있을 거야!

요즘 좋아하는 놀이는 뭐야?

아띠는 아직은 작은 씨앗이지만 큰 나무가 되는 게 꿈이라고 해!

넌 어떤 어른이 되고 싶니? 너의 꿈은 뭐야?

가이드

작은 씨앗(seed)이 큰 나무(큰돈)가 되려면 오랜 시간이 필요합니다.

아띠는 어떻게 해야 큰 나무가 될 수 있을까?
매일 햇빛을 쬐고 물을 마시고
신선한 공기를 가득 품어야 쑥쑥 자라!
혼자서 저절로 큰 나무가 되는 게 아니야!
우리도 도와줄까?

한자리에서 오랜 시간 동안 움직이지 않고
꾹 참으면서 기다리고 있어야 큰 나무가 될 수 있어!

가만히 있어야 하는 아띠는 너무 심심하겠다.
우리 아띠가 지루하지 않게 재미있게 놀아줄까?

가이드

작은 씨앗인 아띠가 싹이 트고 큰 나무가 되기 위해서는 많은 사람의 도움과 여러 과정이 필요하다는 이야기를 나눠보세요.

돈또니의 꿈

돈또니는 돈나라에서 왔기 때문에
작은 돈이 큰돈이 되는 방법을 잘 알고 있어!
돈나라에서는 누구나 돈 걱정 없이 풍요롭게 살고 있거든!
우리 같이 돈또니랑 놀면서
작은 돈이 큰돈이 되는 방법을 하나씩 알아가 볼까?
작은 돈이 커지면 아이스크림 백 개도 살 수 있어!
친구들하고 모두 모두 나눠 먹자!

가이드

돈또니를 통해 아이들이 돈을 친근하게 느끼면 좋겠습니다.

모든 사람들이 나를 통해 필요한 물건을 구해!

엄마아빠가 너에게 장난감을 사줄 때에도, 맛있는 음식을 먹을 때에도!

'대한민국 돈' 이라는 표시야. '원'이라고 불러!

사람들에겐 내가 필요해. 가지고 싶은 것, 먹고 싶은 것을 내가 있어야 살 수 있거든!

가이드

시장에서 돈으로 물건을 바꾸는 과정에 대해 이야기 나눠보면서 돈을 왜 모아야 하는지도 함께 생각해봅시다.

어떤 장난감이 필요하니?
어떤 음식을 먹고 싶어?
시장의 모든 물건은 돈또니로
바꿀 수 있어!

그래서 넌 내가
커질수록
든든할 거야!

변덕을 부리는 해

햇님 친구는 변덕쟁이 기분파야!

특히나 여름엔 얼마나 뜨거운지 몰라~

땅 속의 아띠는 혼자 움직일 수 없어.

그럼 햇님이 너무 뜨거우면 어떻게 되겠어?

도망가지도 못하고 그냥 참고 있어야 하는 거야….

그러다 아띠가 말라 죽으면 어떡해?

우리 같이 힘들어 하는 아띠를 위해서

그늘을 만들어 주자!

사라지는 돈또니

아띠의 외로움

아띠가 요즘 너무 힘든가 봐!

한 자리에 오랫동안 서 있어야 해서 외로운가 봐.

아띠가 좋아하는 놀이를 준비해 볼까?

아띠는 아직 너무 작은 씨앗이어서 바람 불면 날아갈 수도 있어.

큰 나무가 되기 위해서는 힘들어도

오랜 시간 동안 한자리에서 꾹 참고 큰 뿌리를 내려야 할 텐데….

얼마나 많은 시간을 견뎌야 아띠는 큰 나무가 될 수 있을까?

돈또니의 외로움

돈또니는 요즘 너무 속상해!

친구가 요즘 너무 자주 장난감과 과자를 돈또니랑 바꾸고 있어서

돈또니가 점점 작아지고 있거든….

정말 필요한지 한 번만 더 생각하고 살까?

돈또니가 있으면 물건은 언제든지 살 수 있어!

그러니까 다음을 위해 돈또니를 아껴두고 꼭 필요한 물건만 사자!

가이드

계획이 없이 과소비를 하면 돈을 모을 수 없다고 이야기해 주세요.
이어서 '어떻게 해야 돈을 모을 수 있을까?' 질문해보세요.

성장의 과정

아띠는 저절로 큰 나무가 될 수 없어!

많은 관심과 도움의 손길이 필요해!

아직은 네가 혼자서는 못하는 일이 많은 거랑 똑같아!

엄마아빠 없이 혼자 있으면 무섭고 불안하지?

저기 작은 나무는 10살이야.

우리와 비슷한 나이야!

저기 보이는 큰 나무는 40살이야.

엄마아빠랑 나이가 비슷해!

큰 나무는 저 자리에서 40년 동안

비와 바람을 맞고 햇빛을 받으며 자라고 있어.

큰 나무가 되기 힘든 것처럼, 어른이 되는 것도 쉽지 않겠지?

그런데, 넌 40살이 되면 어떤 어른이 될 것 같니?

큰돈이 되기 위한 시간

아띠가 저절로 큰 나무가 될 수 없듯이
작은 돈은 저절로 큰돈이 될 수 없어.
오랜 시간 동안 작은 돈을 모으고 모아야 큰돈이 돼.
그래서 꼭 필요한 물건만 사고 남은 돈은 모아둬야 해!

그렇게 남은 돈을 모으고 또 모아야 나중에 큰돈이 되지.
작은 씨앗이 큰 나무가 되는 것만큼 시간이 오래 걸리는 일이야!

 **가이드**

돈을 소중히 여기고 오랜 시간 동안 꾸준히 저축을 해야만
큰돈을 모을 수 있다고 이야기해 주세요.

넌 키가 쑥쑥 커서

엄마아빠처럼 어른이 되겠지?

어떤 어른이 되고 싶어?

너도 멋진 어른이 되려면

많은 준비가 필요해!

가이드
아이가 앞으로 어떤 어른이 되고 싶은지 함께 이야기 나누는 시간을 가져보세요!

이 나무는 40년 동안 한자리에서
수많은 어려움을 이겨내며 견디고 있어.
너는 어떤 멋진 어른이 되고 싶니?

나를 아끼고 모아서 크게 만들 수 있다면
너는 좀더 자유로운 어른이 될 수 있어!

어른이 되면 필요한 물건이 점점 많아지는데
내가 없으면 꼭 필요한 물건을 가질 수 없어.
또 갈 수 있는 곳도 많아지는데
내가 없으면 갈 수 없을 거야.
그러면 너무 속상하겠지?

그런데 어른들에게도

작은 돈을 큰돈으로 만드는 것은 어려운 일이야.

그래서 돈 때문에 힘들어 하기도 해.

그러니까 우리 지금부터 돈또니랑 친하게 지내면서

돈에 대해 자세히 알아보자!

가이드

계획과 저축으로 작은 돈을 꾸준히 모아가면
어른이 되었을 때 큰 힘이 된다는 점을 이야기해 주세요.

큰 나무도 시간이 아주 오래 흐르면 썩어서 흙으로 돌아가.
엄마아빠도 시간이 흐르면 나이가 들고 세상에서 사라져….
모든 생명은 영원히 살 수 없어. 너도 알고 있지?
엄마 아빠가 없어도 세상의 아름다운 곳에서
밝게 빛나는 멋있는 어른이 되어야 해!

그래서 돈 공부도 이렇게 미리미리 해야 해!
어른이 될수록 돈이 더 많이 필요하기 때문이야.
만약 그때 돈이 없다면 넌 무척 슬플 거야….
어른이 되서 돈이 없으면 아무것도 할 수 없어!
그때는 엄마아빠도 없잖아….
그래서 돈에 대해서 알아가고 있는 거야!

네가 만약 나를 큰돈으로
만들 수 있다면 무척 든든할 거야!
어른이 되면 돈이 점점 많이 필요하거든.

큰 나무에게
많은 물과 햇빛이 필요한 것처럼
어른으로 살아가기 위해서는
돈이 필요해!

가이드

어른이 되면 돈을 잘 이해하고 다룰 수 있는 능력을 갖는 것이
매우 중요하다는 점을 이해시켜 주세요.

아띠는 적은 물과 작은 땅이 필요하지만
큰 나무는 많은 물과 큰 땅이 필요해!

너는 어린이라서 지금은 적은 돈이 필요하지만
어른이 되면 많은 돈이 필요해!

어른이 되어서도 돈을 잘 모르면 힘들고 속상한 일이 많이 생길 거야!
그래서 엄마아빠와 함께 지금부터 '돈'에 대해서 알아볼 거야!

매일 아침에는 해가 떠.

매일 밤에는 달이 떠.

우리는 매일 하루를 보내!

오늘은 무슨 일이 있을까?

오늘은 돈또니와 무엇을 해볼까?

우리 함께 오늘을 준비해 볼까?

나와 함께 오늘 하루를 준비해 볼까?

나도 나도 같이 준비할래!

 **가이드**
돈에 대한 소비계획과 저축이 꾸준히 지속될 수 있도록 도와주세요.

1권
워크북
계획과 저축

돈또니와 아띠를 색칠해 볼까요?

돈또니와 아띠 틀린 코 모양을 찾아 보세요!

돈나무에는 무엇이 가득하면 좋을까요?

돈나무에 무엇이 주렁주렁 달리면 좋겠어?

금	인형	돈
사탕	아이스크림	책
사과	케이크	초콜릿

아띠는 어떻게 큰 나무가 될까요?

- 물
- 관심
- 소음
- 매연
- 거름
- 시간
- 햇살
- 불
- 기름
- 흙

아띠가 필요한 것들	아띠가 필요없는 것들

10년 = 하루 X 365일 X 10년

❀ 10년은 하루가 몇 개 일까요? = ☐ 개

❀ 30년은 하루가 몇 개 일까요? = ☐ 개

돈또니는 어떻게 큰돈이 될까요?

군것질 저금통 피자 시간 축구공 용돈기입장 절약 과자 저축 장난감

돈또니가 필요한 것들	돈또니가 필요없는 것들

❀ 매일 천원씩 10년을 모으면 얼마나 될까요? = [　　　] 원

❀ 매일 만원씩 10년을 모으면 얼마나 될까요? = [　　　] 원

돈또니가 돈나무를 찾도록 도와주세요!

아띠가 돈나무를 찾도록 도와주세요!

돈을 세는 법을 배워 보아요! 1

"모두 얼마일까요?"

구분	숫자	우리말로 읽기
금액	원	원

돈을 세는 법을 배워 보아요! ②

"모두 얼마일까요?"

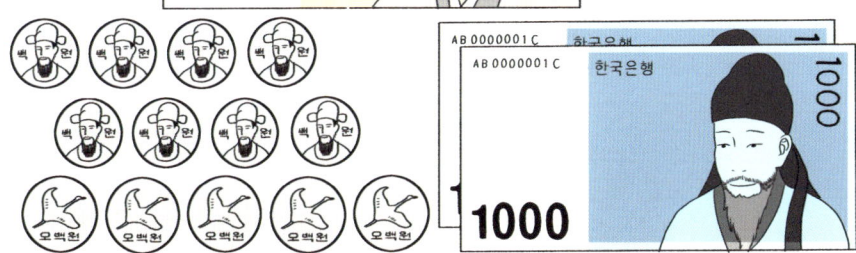

구분	숫자	우리말로 읽기
금액	원	원

용돈이란 무엇일까요?

현재 부모님으로부터 용돈을 정기적으로 받고 있나요?

예 | 아니오

용돈을 받고 있다면 언제, 그리고 얼마나 받고 있나요?

매일 | 1주일마다 | 1달마다 | 수시로
받는 돈 :   원

용돈을 저축하고 있나요?

예 | 아니오

용돈을 모아서 사고 싶은 것이 있나요? 얼마가 필요 할까요?

사고 싶은 것 :
필요한 돈 액수 :

용돈을 모아서 사고 싶은 물건을 골라볼까요?

| 좋아하는 책 | 스티커 | 과자나 사탕 |
| 축구공 | 좋아하는 캐릭터 인형 | 게임기 |

직접 그려보세요!

용돈을 모아 볼까요?

용돈을 모으면 어떻게 큰돈이 되는지 생각해봅시다.
하루에 500원씩 저축을 해서 모아보겠습니다.

1일 X  = _____ 원

30일 X  = _____ 원

365일 X  = _____ 원

용돈을 더 벌어볼까요?

1. 내 방 정리하기 - 용돈 : _____ 원

2. 부모님 안마하기 - 용돈 : _____ 원

3. 신발 정리하기 - 용돈 : _____ 원

4. 밥먹고 정리하기 - 용돈 : _____ 원

5. 게임안하기 - 용돈 : _____ 원

6. 그리고 또 - _____ 용돈 : _____ 원

🌸 용돈 금액은 엄마아빠와 이야기 나누어 보세요!

만원으로 무엇을 살 수 있을까요?

물건 이름	가격	갯수	합계	만든 회사
돈또니사탕	300원	3개	900원	XXXX

가까운 문방구나 마트에서
만원으로 살 수 있는 물건을 적어볼까요?

계획적으로 물건을 사볼까요?

날짜(예시)	살 것	예상금액	갯수	필요한 돈
3월 1일	돈또니깡	1,000원	2개	2,000원
3월 7일	색연필	1,500원	1개	1,500원
3월 15일	아띠우유	800원	1개	800원
3월 22일	지우개	500원	2개	1,000원
이번 달 필요한 돈			합계:	5,300원

계획을 세웠으면 사고 싶은 물건을 여기에 적어봐!

날짜	살 것	예상금액	갯수	필요한 돈
이번 달 필요한 돈			합계:	원

나의 용돈기입장을 써볼까요?

날짜(예시)	내용	들어온 돈	나간 돈	남은 돈
10월 11일	지난주 남은 용돈	500		500
10월 13일	엄마가 준 용돈	20,000		20,500
10월 14일	솜사탕 사기		1,000	19,500
10월 16일	아이스크림 사기		1,500	18,000
10월 17일	연습장 사기		2,000	16,000
	용돈합계	20,500	4,500	16,000

돈은 계획한 대로 잘 썼니? 잊어버리기 전에 적어두자!

날짜	내용	들어온 돈	나간 돈	남은 돈
	용돈합계			

초판 1쇄 2025년 3월 3일

글, 콘티 이주영
제작 돈또니경제교육
펴낸이 이주영
펴낸곳 돈또니
출판등록 제 373-2023-000012호
주소 울산광역시 울주군 범서읍 대리로 105 이림빌딩 5층
이메일 koko0614@hanmail.net
유튜브 돈또니와 아띠

ISBN 979-11-991070-21

돈또니경제교육 Corp All Rights Reserved.
책값은 뒤표지에 있습니다.
이 책은 저작권법에 따라 보호받는 저작물이므로 무단복제를 금지하며
이 책 내용을 이용하려면 저작권자와 돈또니경제교육의 서면동의를 받아야 합니다.